Medida del tiempo en las carreras

Medidas del tiempo

Dianne Irving

Créditos de publicación

Editor
Peter Pulido

Editora asistente
Katie Das

Directora editorial
Emily R. Smith, M.A.Ed.

Redactora gerente
Sharon Coan, M.S.Ed.

Directora creativa
Lee Aucoin

Editora comercial
Rachelle Cracchiolo, M.S.Ed.

Créditos de imágenes

La autora y el editor desean agradecer y dar crédito y reconocimiento a los siguientes por haber dado permiso para reproducir material con derecho de autor: portada © photolibrary.com; Página de título © PhotoDisc; p.4 (izquierda) © Koji Aoki/Jupiter Images; p.4 (derecha) © Bettmann/CORBIS; p.5 © Laszlo Beliczay/epa/Corbis; p.6 Big Stock Photo/© Michael O'Neil; p.7 AAP Image/© AFP PHOTO/EDDY RISCH; p.8 © Bettmann/CORBIS; p.9 Getty Images; p.10 (izquierda) © photolibrary.com; p.10 (derecha) Big Stock Photo/© Steve Degenhardt; p.11 © photolibrary.com; p.12 (superior) © Patrik Giardino/ CORBIS; p.12 (fondo) Getty Images; p.13 AAP Image/© EPA/Fabrice Coffrini; p.14 Getty Images; p.15 Getty Images; p.16 © Bettmann/CORBIS; p.17 (superior) AAP Image/© KEYSTONE/Fabrice Coffrini; p.17 (fondo) AFP/Getty Images; p.18 AAP Image/© AFP PHOTO TOSHIFUMI KITAMURA; p.19 Big Stock Photo /© Dennis Sabo; p.20 Getty Images; p.21 AFP/Getty Images; p.22 Getty Images; p.23 AAP Image/© AFP PHOTO/JOE KLAMAR; p.24 © Duomo/CORBIS; p.25 AAP Image/© AP Photo/Alastair Grant; p.26 © photolibrary.com; p.27 © photolibrary.com; p.28 Shutterstock/© Dragan Trifunovic.

Aunque se ha tomado mucho cuidado en identificar y reconocer el derecho de autor, los editores se disculpan por cualquier apropiación indebida cuando no se haya podido identificar el derecho de autor. Estarían dispuestos a llegar a un acuerdo aceptable con el propietario correcto en cada caso.

Teacher Created Materials

5301 Oceanus Drive
Huntington Beach, CA 92649-1030
http://www.tcmpub.com
ISBN 978-1-4333-0506-1

Contenido

El tiempo en las competencias

Siempre ha sido importante saber quién ganó una carrera. Pero en estos días es incluso más importante. Los **atletas** pueden ganar dinero si ganan carreras. ¡Pueden ganar incluso más si rompen un récord mundial!

Los atletas y los negocios

Algunos atletas reciben dinero de diferentes compañías. Los atletas están de acuerdo en llevar ropa con la marca de una compañía o en usar sus productos.

Hace mucho tiempo, se usaban los cronómetros **manuales** para medir el tiempo de las carreras. Pero sólo podían medir con precisión hasta un 0.50 de segundo.

Un cronómetro manu

Cómo funciona un cronómetro manual

Cuando empieza una carrera, el encargado de llevar el tiempo presiona un botón para que empiece a funcionar el cronómetro. Cuando la primera persona atraviesa la línea final, el encargado de registrar el tiempo presiona el botón para parar el cronómetro.

Hoy en día, se usan los cronómetros **digitales** para medir el tiempo en las carreras. Las carreras se miden hasta el 0.01 de segundo.

Partir el tiempo

Un segundo es un **periodo** muy pequeño de tiempo. Pero incluso un segundo puede ser partido en periodos más pequeños.

Partir un segundo

Fracciones de segundo	Equivalentes decimales
$\frac{1}{2}$	0.50
$\frac{1}{4}$	0.25
$\frac{1}{10}$	0.10
$\frac{1}{100}$	0.01
$\frac{1}{1000}$	0.001

Los tiempos en la pista

Los cronómetros **automáticos** fueron usados por primera vez en los Juegos Olímpicos de 1932. Pero sólo podían medir hasta el 0.10 de segundo.

Era difícil cronometrar las carreras con llegadas muy cerradas.

Cruzar la línea

Los cronómetros automáticos empezaban a funcionar cuando se disparaba la pistola de salida. Se detenían cuando el ganador tocaba un cable a través de la línea de la meta.

En 1932, el ganador masculino de la carrera de 100 metros terminó la carrera en 10.30 segundos. El atleta que terminó en tercer lugar hizo la carrera en 10.40 segundos. ¡Una décima (0.10) de segundo es mucho tiempo en una carrera tan rápida como ésta!

Esta carrera tuvo lugar durante los Juegos Olímpicos de 1932 en California.

Exploremos las matemáticas

En 1932, la final masculina de la competencia de 100 metros se ganó en poco más de 10 segundos. ¿Cuál de las siguientes actividades crees que toma aproximadamente 10 segundos?

a. contar hasta 100

c. comer una manzana

b. escribir tu nombre

d. saltar 200 veces en un lugar

¡Fuera!

Hoy en día, la pistola de inicio de la carrera es un cronómetro digital. ¡Los cronómetros de hoy en día pueden medir hasta el 0.001 de segundo!

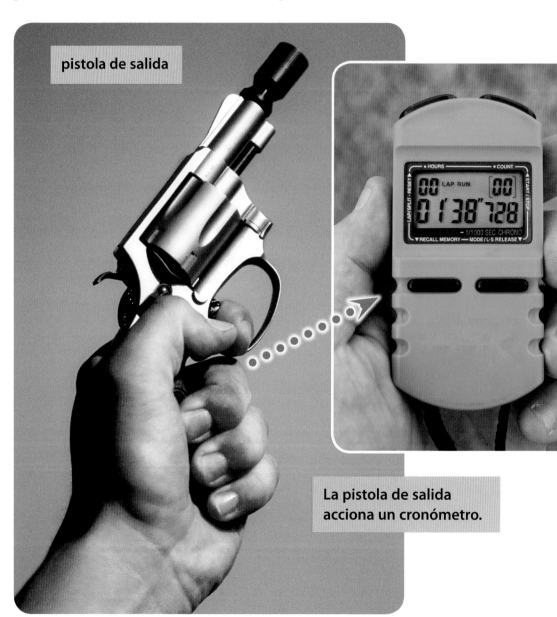

pistola de salida

La pistola de salida acciona un cronómetro.

Los bloques de salida de carrera tienen altavoces. Los corredores escuchan la pistola de salida a través de los altavoces. Todos la escuchan al mismo tiempo.

¡En sus marcas!

En el pasado, las pistolas usadas para empezar una carrera no estaban enlazadas a los altavoces. Esta manera no era muy justa porque los corredores más cerca de la pistola podían escuchar el disparo primero. ¡Podían tener una ventaja inicial!

El momento de salida

Los corredores salen cuando escuchan el sonido de la pistola. Si un corredor sale antes se considera salida nula. Todos los corredores reciben una advertencia después de una salida nula. Luego, el siguiente corredor que hace una salida falsa es **descalificado** de la carrera.

Este corredor está haciendo una salida nula.

¡Demasiado rápido!

En el 2003, un corredor americano fue descalificado de una carrera porque hizo una salida falsa luego de que se le dio una advertencia al grupo. Él se tendió en el suelo de la pista y ¡se negó a levantarse durante 5 minutos!

La línea de llegada en los Juegos Olímpicos del 2004 tenía un rayo **láser**. Los corredores "rompían" el rayo cuando cruzaban la línea. Esto detenía el cronómetro.

Los resultados de la carrera de 100 metros en los Juegos Olímpicos del 2004

Nombre	Tiempo
Justin Gatlin	9.85 segundos
Francis Obikwelu	9.86 segundos
Maurice Greene	9.87 segundos

Sólo un 0.01 de segundo separó a un corredor del otro. Pero los cronómetros eran tan precisos que ¡no hubo discusión sobre quién era el ganador!

Los récords mundiales de atletismo

Estas dos tablas muestran récords mundiales de carreras de 100 metros. Observa las muy pequeñas **diferencias** en tiempos. Sin cronómetros tan precisos, ¡no se habrían podido medir las diferencias!

Los récords mundiales de carreras de 100 metros de hombres

Tiempo	Atleta	Fecha
9.93	Calvin Smith Carl Lewis	3 de julio de 1983 30 de agosto de 1987
9.92	Carl Lewis	24 de septiembre de 1988
9.90	Leroy Burrell	14 de junio de 1991
9.86	Carl Lewis	25 de agosto de 1991
9.85	Leroy Burell	6 de julio de 1994
9.84	Donovan Bailey	27 de julio de 1996
9.79	Maurice Greene	16 de junio de 1999
9.77	Asafa Powell	14 de junio del 2005
9.74	Asafa Powell	10 de septiembre del 2007

Asafa Powell

Tiempo	Atleta	Fecha	
11.07	Renate Stecher	2 de septiembre de 1972	
11.04	Inge Helten	13 de junio de 1976	
11.01	Annegret Richter	25 de julio de 1976	
10.88	Marlies Oelsner	1 de julio de 1977	
10.87	Lyudmila Kondratyeva	3 de junio de 1980	
10.81	Marlies Göhr	8 de junio de 1983	
10.79	Evelyn Ashford	3 de julio de 1983	
10.76	Evelyn Ashford	22 de agosto de 1984	
10.49	Florence Griffith-Joyner	16 de julio de 1988	

Florence
Griffith-Joyner

Exploremos las matemáticas

Los récords mundiales pueden estar vigentes por muchos años. Algunas veces sólo están vigentes por unos meses. Usa las tablas para responder a estas preguntas.

a. ¿Cuál es el tiempo del récord mundial del 2007 para los hombres?

b. ¿Qué corredora fue la primera en correr la distancia en menos de 11 segundos?

c. ¿Qué corredora rompió su propio récord?

Los tiempos en la natación

En el pasado, se usaban los cronómetros para medir el tiempo en las competencias de natación. Los encargados de llevar el tiempo se colocaban al extremo de la piscina. El cronómetro era detenido cuando un nadador tocaba la pared.

Hoy en día, se utilizan paneles digitales para medir el tiempo de las pruebas. Los nadadores los tocan al terminar la competencia.

Instalación de un panel digital en una piscina.

Volar como mariposa

En los Juegos Olímpicos de 1988, los paneles digitales mostraron que un nadador de Surinam ganó la competencia de 100 m estilo mariposa. El nadador terminó 0.01 de segundo delante de un nadador americano. ¡Eso es medir el tiempo con **precisión**!

En los bloques

Los bloques de partida tienen **sensores** en su interior. Pueden indicar si un nadador hace una salida nula.

Exploremos las matemáticas

Una piscina olímpica tiene 50 metros de largo. Cuando los nadadores compiten en una prueba de 100 metros, dan 2 vueltas a la piscina.

a. Una nadadora olímpica nadó una competencia de 100 metros en 55 segundos. La segunda vuelta la hizo en 25 segundos. ¿En cuántos segundos nadó la primera vuelta?

Bajo el agua

Las cámaras colocadas debajo del agua verifican que los nadadores cumplan con las reglas de la natación.

Romper las reglas

El reglamento de la natación señala que los nadadores no pueden nadar bajo el agua. Deben salir a la superficie del agua. Es así porque nadar debajo el agua es más fácil.

Los paneles digitales se usaron por primera vez en los Juegos Olímpicos de 1968. Los paneles digitales pueden medir el tiempo con precisión.

Cómo funcionan los paneles digitales

Los paneles digitales contienen sensores que mandan señales a los cronómetros digitales. Las señales se mandan una vez que los nadadores tocan los paneles.

Exploremos las matemáticas

En una competencia de natación en la escuela, el nadador 1 terminó la prueba de 100 metros libres en 1 minuto y 20 segundos. El nadador 2 la terminó en 1 minuto y 10 segundos. El nadador 3 la hizo en 1 minuto y 15 segundos.

a. ¿Cuál es la diferencia entre los tiempos del nadador 1 y el nadador 2?

b. ¿Qué tanto más rápido fue el nadador 3 que el nadador 1?

Los paneles digitales miden el tiempo hasta en una 0.001 de segundo.

Alexander Popov no logró calificar para la final de la prueba de 100 metros libres de los Juegos Olímpicos del 2004 ¡por un 0.02 de segundo!

ATHENS 2004

Los tiempos de calificación para la final de 100 metros libres de los Juegos Olímpicos del 2004

Tiempo	Nadador	País
48.39	Roland Mark Schoeman	Sudáfrica
48.55	Pieter Van Den Hoogenband	Holanda
48.91	Filippo Magnini	Italia
49.12	Andrey Kapralov	Rusia
49.13	Salim Iles	Argelia
49.14	Duje Draganja	Croacia
49.18	Ryk Neethling	Sudáfrica
49.21	Ian Thorpe	Australia
49.23	Alexander Popov	Rusia

Los récords mundiales de natación

Pieter van den Hoogenband

Estas tablas muestran los pequeños cambios en los tiempos de los nadadores que establecieron récords mundiales.

Los récords mundiales de la prueba de 100 metros libres masculino

Tiempo	Atleta	Fecha
49.99	Jim Montgomery	25 de julio de 1976
49.44	Jonty Skinner	14 de agosto de 1976
49.36	Rowdy Gaines	3 de abril de 1981
49.24	Matt Biondi	6 de agosto de 1985
48.95	Matt Biondi	6 de agosto de 1985
48.74	Matt Biondi	24 de junio de 1986
48.42	Matt Biondi	10 de agosto de 1988
48.21	Alexander Popov	18 de junio de 1994
48.18	Michael Klim	16 de septiembre del 2000
47.84	Pieter van den Hoogenband	19 de septiembre del 2000

Los récords mundiales de la prueba de 100 metros libres femenino

Tiempo	Atleta	Fecha
54.79	Barbara Krause	21 de julio de 1980
54.73	Kristin Otto	19 de agosto de 1986
54.48	Jenny Thompson	1 de marzo de 1992
54.01	Jingyi Le	5 de septiembre de 1994
53.80	Inge De Bruijn	28 de mayo del 2000
53.77	Inge De Bruijn	20 de septiembre del 2000
53.66	Lisbeth Lenton	31 de marzo del 2004
53.52	Jodie Henry	18 de agosto del 2004
53.42	Lisbeth Lenton	31 de enero del 2006
53.30	Britta Steffen	2 de agosto del 2006

¿Por qué las medidas son más precisas hoy?

Hoy los relojes miden el tiempo de manera más precisa que antes. ¡Se miden los eventos deportivos hasta en una 0.001 de segundo!

Exploremos las matemáticas

Los cronómetros también son importantes en juegos como los de baloncesto. Cada juego de baloncesto tiene 4 cuartos de 12 minutos.

a. ¿Cuánto tiempo de juego es eso?

b. Describe cómo resolviste la pregunta a.

c. Si ya se han jugado 32 minutos de un partido de baloncesto, ¿cuántos minutos de juego quedan por jugar?

Se emiten señales para poner en marcha y parar los cronómetros. Son más precisas que las personas.

FLORA LONDON MARATHON 2003

En la actualidad, sólo 0.01 de segundo puede significar ganar oro o plata. Así que los cronómetros deben ser muy precisos.

¡El próximo récord mundial podría establecerse por sólo una fracción de segundo!

Rivales en la piscina de natación

Algunos amigos participaban en una competencia de natación. Deon nadó la prueba en 75 segundos. El tiempo de Joelle fue 5 segundos más lento que el de Deon. El tiempo de Isaac fue 10 segundos más rápido que el de Deon. El tiempo de Carla fue 15 segundos mayor que el de Joelle.

¡Resuélvelo!

a. ¿Quién ganó la carrera?

b. ¿Cuáles fueron los tiempos finales de cada uno de los amigos?

Usa los pasos siguientes para ayudarte a resolver los problemas.

Paso 1: Encuentra los tiempos de Joelle, Isaac y Carla.

Paso 2: Ordena los 4 tiempos del más rápido al más lento.

Glosario

atletas—gente que está entrenada para competir en deportes

automático—que opera sin control humano directo

descalificado—que ya no puede tomar parte en un evento

diferencias—las cantidades que diferencian a las cosas

digital—que usa números para medir el tiempo, en lugar de que las manecillas de un reloj señalen los números

láser—un rayo de luz, formado por muchos rayos de luz más pequeños

manual—que opera con control humano directo

periodo—cantidad de tiempo

precisos—sin errores

sensores—máquinas que detectan cambios físicos en algo, como el aire

Índice

Respuestas

Exploremos las Matemáticas

Página 9:

b. escribir tu nombre

Página 15:

a. 9.74 segundos

b. Marlies Oelsner

c. Evelyn Ashford, el 22 de agosto de 1984

Página 18:

a. 55 segundos – 25 segundos = 30 segundos.
Por lo tanto, se nadó la primera vuelta en 30 segundos.

Página 20:

a. 1.20 – 1.10 segundos = .1- segundos: la diferencia entre el nadador 1 y el nadador 2.

b. El nadador 3 fue 5 segundos más rápido que el nadador 1.

Página 24:

a. Tiempo de juego: 4 cuartos x 12 minutos = 48 minutos

b. Las respuestas podrían variar.

c. 48 – 32 = 16 minutos
Así que quedan 16 minutos de juego.

Actividad de resolución de problemas

a. Isaac ganó la carrera.

b.

Nadador	Tiempo
Isaac	65 segundos
Deon	75 segundos
Joelle	80 segundos
Carla	95 segundos